Porte Bonheur

Les Éditions Porte-Bonheur se consacrent à l'édition de livres jeunesse de qualité. Soucieuse de servir un public de plus en plus exigeant et connaisseur, la maison privilégie des textes qui incitent à la découverte du plaisir de lire tout en nourrissant l'imaginaire.

Des auteurs et des illustrateurs de renom contribuent à l'épanouissement de cette nouvelle maison dans le paysage éditorial québécois.

Les Éditions Porte-Bonheur se développent autour de quatre collections :

ANTOINE
série d'albums illustrés pour enfants de 3 à 7 ans

TRÈFLE À 4 FEUILLES
romans pour nouveaux lecteurs (7-9 ans)

PATTE DE LAPIN
romans pour lecteurs plus expérimentés (9-11 ans)

TALISMAN
romans réservés aux lecteurs aguerris (12-14 ans)

La maison publie aussi, occasionnellement, de beaux-livres hors-collection.

Les aventures
d'Ori et Algo

TOME 3

Prisonniers de la grande eau

Texte de
Marie France Bouchard

Illustrations de
Alain Cournoyer

Les Éditions Porte-Bonheur
une division des Éditions du Cram Inc.

1030, rue Cherrier, bureau 205
Montréal, Québec, Canada, H2L 1H9
Téléphone (514) 598-8547
Télécopie (514) 598-8788
www.editionscram.com

Conception graphique et Illustrations
Alain Cournoyer

Révision
Sophie Bordeleau
Pierre Lavigne

Dépôt légal - 1er trimestre 2006
Bibliothèque nationale du Québec
Bibliothèque nationale du Canada

Gouvernement du Québec - Programme de crédit d'impôt pour l'édition de livres - Gestion SODEC. Les Éditions Porte-Bonheur sont inscrites au programme de subvention globale du Conseil des arts du Canada.

Conseil des Arts du Canada — Canada Council for the Arts
Société de développement des entreprises culturelles — Québec

Catalogage avant publication de Bibliothèque et Archives Canada

Bouchard, Marie France, 1969-

Prisonniers de la grande eau : aventures d'Ori et Algo

(Collection Patte de lapin ; 7)

ISBN 2-922792-32-3

I. Cournoyer, Alain II. Titre. III. Collection.

PS8603.O92P74 2006 jC843'.6 C2006-940069-5
PS9603.O92P74 2006

Imprimé au Canada

Prisonniers de la grande eau

Parus aux Éditions Porte-Bonheur, dans les collections :

ANTOINE (albums illustrés)

Mon livre a des pattes / Marie Portelance
Je suis petit mais grand / Marie Portelance
J'ai rempli le coeur du Père Noël / Marie Portelance
Je suis prisonnier de Zalouzi / Marie Portelance
Le château où tout m'est permis / Marie Portelance

TRÈFLE À 4 FEUILLES (romans 6 - 9 ans)

01 *PT l'inventeur et le sifflet de la paix* / Nicole M. Lavigne
02 *PT l'inventeur : Un noël PT* / Nicole M. Lavigne
03 *PT l'inventeur et le Grand Cirque de la Lune* / N. M. Lavigne

PATTE DE LAPIN (romans 10 - 12 ans)

01 *Toutouramo* / Roger Rolland
02 Le colonel Courmi / Roger Rolland
03 *Rocambo* / Roger Rolland
04 *Chapka* / Marie France Bouchard
05 *Les aventures d'Ori et Algo : Ori, le fils de la louve* / Marie France Bouchard
06 *Les aventures d'Ori et Algo : Algo, l'étranger parmi les siens* / Marie France Bouchard
07 *Les aventures d'Ori et Algo : Prisonniers de la grande eau* / Marie France Bouchard
08 *Les aventures d'Ori et Algo : L'Empire des Quatre-Directions* / Marie France Bouchard

TALISMAN (romans 12 - 14 ans)

01 *Amarok, l'esprit des loups* / Nadège Devaux
02 *Pierrot et le village des FOUS : Le spectre* / Sylvie Brien
03 *Pierrot et le village des FOUS : Les têtes coupées* / Sylvie. Brien
04 *Pierrot et le village des FOUS : Zone infinie* / Sylvie Brien
05 *Pierrot et le village des FOUS : Le trésor de Frank* / Sylvie Brien
06 *Pierrot et le village des FOUS : Les lutins de Picardie* / Sylvie Brien
07 *Pierrot et le village des FOUS : L'énigme du Marie-La-Paix* / Sylvie Brien

HORS COLLECTION

L'Épopée du Lion / Réjean Béchamp

Pour A, C, D, F, G, J, L, M, N, R, S, V, W, Y.

Ils se reconnaîtront
parce qu'ils savent que je les aime.

« — *Tu dois accepter ce que tu ne peux changer.*
— *Je veux changer ce que je ne peux accepter.* »

UGO MONTICONE
Zhaole, p.169

Les personnages

Algo
Narrateur,
Algonquien de naissance

Ori
Frère adoptif d'Algo,
Blanc élevé par
les Iroquiens

Tosa
Capitaine espagnol,
père de Juan

Estéphan
Cuisinier,
surnom : l'homme-courge

Juan
Fils du Capitaine Tosa,
surnom : Quatre-Doigts

Franco
Second,
surnom : le plant de maïs

Wâbôs
Algonquienne,
amour impossible d'Algo

Ninjee
Iroquoienne,
mère adoptive d'Ori et Algo

Le parcours

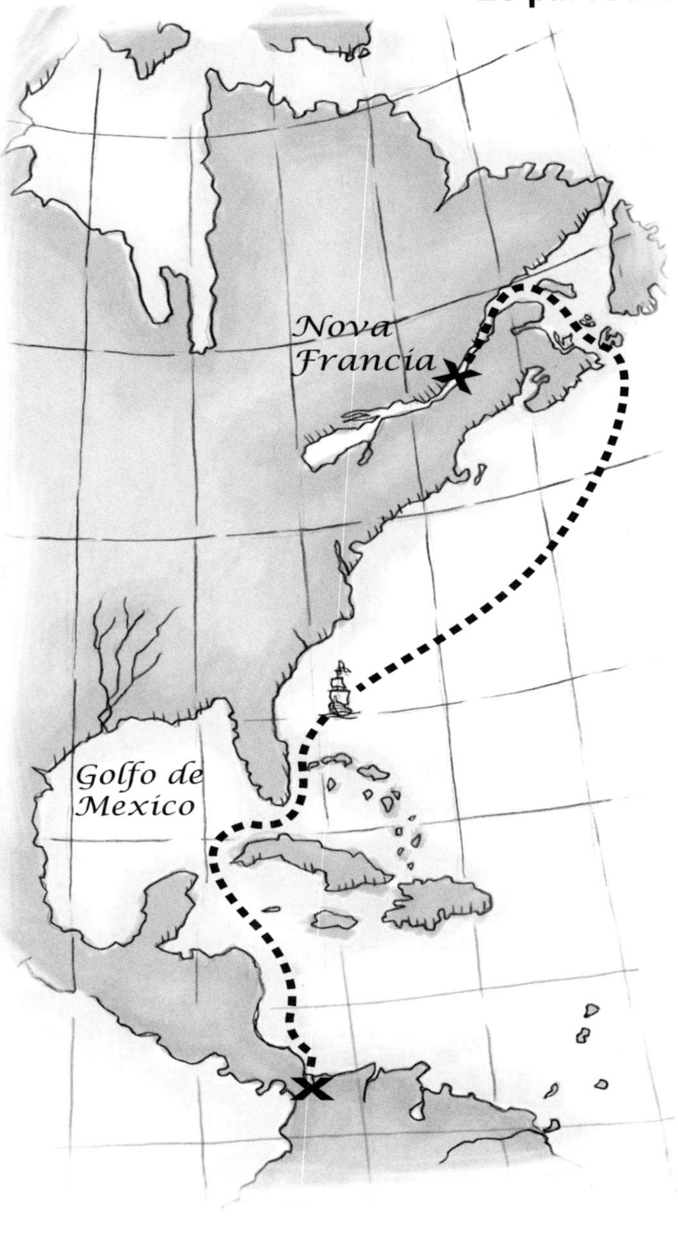

Mot de l'auteur

Bienvenue dans un nouveau monde.

Nous sommes au début du XVIe siècle. Petit à petit, l'idée que d'autres peuples vivent de l'autre côté de l'océan devient plus répandue. Certains imaginent même que la terre est ronde !

Avec Ori et Algo, vous découvrirez combien la vie peut être différente et tellement semblable à la fois, pour deux êtres nés à la même époque. Venez partager l'incroyable aventure de deux presque frères, sur un océan aux visages inconnus.

Bonne lecture.

Marie France

Prologue

Quand je regarde derrière moi, j'aperçois au loin le village iroquoien[1] où nous avons grandi, Ori et moi. Nous formions une famille étonnante avec Ninjee, la louve iroquoienne, et ses deux fils adoptifs : Ori, le visage pâle, et moi, Algo, l'étranger.

Je me souviens de notre fuite pour retrouver les Algonquiens[2], ceux que je croyais être mon peuple. Mon coeur se gonfle, s'enflamme quand je touche le collier de cuir jaune que Wâbôs, mon rayon de soleil, m'a offert il y a si longtemps[3]. Mais je dois regarder devant ! Toujours plus loin !

Aujourd'hui, j'aimerais vous faire voyager sur une île flottante, habitée par un peuple bien étrange qui survit sans femme, ni territoire, qui s'est fait ami avec la grande eau, une amie parfois infidèle.

---

1 D'Iroquois: Indien semi sédentaire d'Amérique du Nord vivant dans la vallée du St-Laurent et dans la région des Grands Lacs.

2 Indien nomade d'Amérique du Nord vivant au Québec (entre autre), au nord et au sud du St-Laurent.

3 Voir *Algo, l'étranger parmi les siens*, Éditions Porte-Bonheur, 2005.

Chapitre I

Prisonniers d'un monde inconnu

Mon esprit voguait entre la nausée et le sommeil quand je crus entendre gémir Ori.

— Réveille-toi, remue-toi ! lui ai-je ordonné, impatient.

Soudain, j'eus l'impression folle de sentir peser son regard bleu sur moi. C'était impossible, parce qu'il faisait complètement noir dans notre prison. Pas un seul rayon de lumière ne venait faire danser ne serait-ce qu'une ombre ! Pourtant, aujourd'hui encore, je reste persuadé qu'il m'a regardé.

Une voix que je reconnus à peine souffla :

— Tout près... juste à côté... C'est la nuit... le royaume des esprits mauvais.

Aussitôt, je m'approchai de mon presque frère.

— Quoi ? Que dis-tu ?

Quand Ori rêvait, ce n'était jamais des rêves ordinaires. Chacun avait une signification bien particulière. Lui seul pouvait en reconnaître le sens véritable.

Entendre sa voix m'encourageait. Petit à petit, mon frère reprenait des forces, et son esprit allait bientôt s'éveiller. J'en étais certain. Je gardais confiance, malgré le temps qui passait.

Par contre, entendre ses mots m'inquiétait. Étions-nous prisonniers des mauvais esprits ? Qu'allait-il nous arriver ?

Il n'y a pas si longtemps, j'étais seul. Seul parce qu'on m'avait isolé dans un endroit étrange, mais surtout seul parce que je pensais mon presque frère resté dans notre forêt.

Je me rappelle bien qu'après notre fuite du village algonquien, nous suivions les rivières, cherchant où toute cette eau qui coule pouvait se rendre. Sans nous presser, au rythme de nos coups de pagaie, nous glissions sur l'eau qui court. Rien ne laissait présager ce qui allait se produire.

Une attaque venue dont on ne sait où nous sépara. Surpris dans mon sommeil, j'ai entendu mon frère crier mon nom, et j'ai eu le temps de le voir courir vers notre canot. Mais c'est tout. Quand j'ai voulu le rejoindre, les hommes qui me retenaient m'en ont empêché. J'espérais que mon frère avait pu leur échapper.

Depuis, j'étais dans une nuit sans fin. Au début, j'avais cru que mes yeux étaient morts. Enfermé dans cette grotte de bois qui me ballottait sans cesse, je ne savais plus distinguer le jour de la nuit. Lorsque j'ouvrais la bouche pour crier ma rage, aucun son ne sortait. Ma voix était sèche, tout comme le reste de mon corps. Ma peau, autrefois véritable rempart contre les intempéries, était devenue aussi mince qu'une écorce de bouleau. Lorsque j'avais l'idée de me gratter la tête, mes cheveux, si épais, restaient entre mes doigts. Même les gargouillis de mon ventre s'étaient tus, fatigués que leurs appels ne soient entendus.

J'ai eu tellement peur de ne plus voir se lever le soleil... Puis, l'espace d'un instant, un rayon de lumière a transpercé ma prison. Là, j'ai su. Mes yeux étaient toujours vivants, moi aussi d'ailleurs, mais jusqu'à quand ?

Venait-on enfin me porter quelques vivres ? Mon corps n'était plus que l'ombre de lui-même. Il était devenu la prison de mon esprit. Je n'arrivais même plus à rêver.

Une gigantesque silhouette se dessina au-dessus de ma tête. On aurait dit une courge géante. Je n'arrivais pas à croire que deux si petites jambes soient capables de supporter un tel poids. C'était pourtant bien un homme. Il se déchargea de son fardeau, qui rebondit tout près quand il le lâcha.

Tout de suite, j'ai reconnu mon presque frère. Étendu sur le sol, la jambe droite tordue et le visage barbouillé de sang séché. Il était là, à côté de moi ! Une joie impossible à décrire germa dans mon cœur, que je croyais trop faible pour battre si fort.

Puis, la peur m'envahit. J'ai d'abord cru qu'Ori était dans le monde d'après. C'est à tâtons, sans une seule ombre pour m'aider, que je le retournai et commençai à le soigner. Il me fallut plusieurs minutes pour percevoir enfin son souffle de vie.

L'instant d'avant, je me demandais pourquoi les esprits me gardaient encore en vie. Désormais, je savais... Je ne pourrais dire combien de fois je les en ai remerciés. C'est souvent quand on croit que tout est perdu que, finalement, tout est à construire.

Je réservais toujours une part de mon eau pour Ori. Lentement, je faisais glisser les gouttes entre ses lèvres. Pour le nourrir, je mâchais moi-même ce qu'on daignait me lancer et je forçais mon frère à avaler.

Petit à petit, il reprit des forces. Même s'il dormait toujours, je savais que la vie revenait en lui. Son souffle devenait plus fort. Ses membres tressautaient parfois. Chacun de ces signes me donnait du courage. Je pouvais à nouveau rêver d'air pur, de liberté... et d'amour.

Pour ne pas perdre le peu d'esprit qu'il me restait, je m'efforçais de me rappeler notre vie d'avant. Elle me revenait par morceaux.

Ninjee, la louve comme on l'appelait toujours, m'apparut au temps où elle était forte, volontaire et lumineuse. C'était au moment où le conseil du village iroquoien avait accepté qu'elle nous adopte, Ori et moi[4]. Je n'avais que quelques automnes, mais je me souviens très bien de ses élans de tendresse. Elle veillait sur nous en véritable louve. Gare à celui qui aurait fait ou dit quelque chose contre nous ! D'ailleurs, personne n'avait osé un tel geste tellement on savait Ninjee futée. Une brise chaude et calme m'enveloppa pendant quelques instants, un bien-être sans nom.

Puis, je me suis revu, fier Algonquien de retour parmi les siens, chassant avec enthousiasme, respirant l'air qu'une première neige avait rafraîchi. Quel bonheur de retrouver ma forêt d'arbres toujours verts et ma liberté ! Je pensais que le Grand Manitou[5] avait exaucé mes souhaits et qu'enfin je retrouverais ma place chez les Algonquiens.

---

[4] Voir *Ori, le fils de la louve*, Éditions Porte-Bonheur, 2005.

[5] Dieu amérindien.

En faisant revivre ces images, je revoyais les cheveux de soleil de ma douce Wâbôs. J'aimais laisser voyager mon imagination vers elle, vers cette odeur de sapin et de lavande pimentée qu'elle transportait. Je l'imaginais ramassant du bois mort, foulant de ses pieds les feuilles rouges, jaunes et brunes. Je la voyais lever les yeux au ciel et avaler à grandes goulées cet air pur qui me manquait tellement. Qu'elle était belle ! L'espace d'un moment, je suis redevenu un homme, un vrai.

Aussitôt, des images d'Ori gambadant dans des flaques de boue s'imposèrent. Je souris malgré moi avant de le voir recevoir une pluie de coups de Wâgôc, cet homme-renard qui avait fait notre malheur ! Comment pouvait-on détester autant quelqu'un qu'on connaît si peu ? Je ne l'ai jamais su.

J'avais l'impression que les nuits et les jours n'en finissaient plus de tourner en rond, que les esprits nous avaient oubliés, que mes yeux ne reverraient jamais le ciel.

Puis, l'homme-courge est descendu à nouveau jusqu'à nous. Cette fois, je pus mieux l'observer.

Quand j'arrivai à distinguer son visage, mon coeur s'affola. J'avais l'impression d'être devant un mélange d'homme et d'ours. Sa peau claire contrastait avec le brun des poils qui couvraient son menton et ses joues gonflées.

Il portait de drôles de vêtements, un peu comme ceux que j'avais vus lorsqu'on avait capturé les parents d'Ori. Sur le haut de son corps, l'homme avait revêtu une sorte de tunique très mince et une autre plus épaisse, ouverte sur son ventre rond comme une femme pleine. Ses jambes étaient protégées par un vêtement d'une seule pièce attaché à la taille. Il portait aussi d'étranges mocassins de cuir, beaucoup plus rigides que ceux que j'avais vus auparavant. Un couteau pendait à sa taille. Il se dégageait de lui une odeur étonnante de nourriture. Je n'aurais pas su dire de quoi il s'agissait, mais j'y aurais bien goûté ! Ma bouche était mouillée d'envie.

Depuis aussi loin que je me souvienne, je savais que l'homme blanc existait. On m'avait raconté tant d'histoires à son sujet. J'en avais même vu quelques-uns, quand j'avais quatre automnes. Mais jamais mes souvenirs et mon imagination ne m'avaient permis de créer une image pareille !

De plus, je ne pouvais m'empêcher de me demander quel peuple traitait ses prisonniers ainsi ?

Je connaissais bien les tortures. Je connaissais aussi la cruauté de certains. Mais là, il y avait quelque chose de trop étrange, de trop différent de ce que j'avais connu jusqu'à ce jour.

On ne m'avait pas trop torturé. Je n'avais reçu que quelques coups lors de ma capture. Assez pour m'assommer, tout de même, mais rien de plus. On n'avait pas essayé de me soumettre à des corvées périlleuses. D'ailleurs, on ne m'avait rien demandé, pas même posé de questions ! À certains moments, c'était comme si on avait oublié jusqu'à mon existence. Le sens de mon épreuve m'échappait complètement.

J'étais perdu dans mes réflexions quand l'homme-courge m'attrapa par les cheveux pour m'examiner de tous les côtés. Quand je voulus me dégager pour retrouver ma dignité, il m'a repoussé. Je me suis aussitôt retrouvé face contre terre, à bout de forces et humilié.

Puis, il s'est approché d'Ori. Il parut très surpris de le trouver encore en vie.

— *Descompuesto, pero vivo. ¡ Es increíble !*[6]

Sa voix émettait des sons que mes oreilles n'avaient jamais perçus. Mais à son ton, je sentais tout son étonnement.

---

[6] « Pourri, mais vivant. C'est incroyable ! »

Quand il partit, je ne savais plus si la nausée qui m'habitait venait de cette puanteur infecte qui imprégnait l'air, des mouvements incessants qui nous ballottaient à chaque instant, ou de cette peur incontrôlable qui avait pris possession de moi.

Chapitre 2

Bleu, comme les yeux de mon frère

Pour Ori, les rêves agités du jour succédaient à ceux tourmentés de la nuit. J'avoue que j'ai craint le pire. J'ai cru qu'Ori n'arriverait plus à se libérer du monde des rêves, qu'il y resterait prisonnier. Quand le chaman iroquoien nous avait prévenus que sans initiation il était dangereux de s'aventurer dans le monde des rêves, il avait pris un air si grave que même les oiseaux s'étaient tus. Il nous avait raconté que certains téméraires avaient tenté l'expérience et que leurs esprits n'avaient pas su retrouver leur liberté. À jamais, leurs esprits erraient loin de leurs corps devenus inutiles. C'était terrifiant.

Mais je me trompais. Mes craintes étaient bien inutiles. Bientôt, mon presque frère me demanda :

— Est-ce que tu sais ce qu'ils feront de nous ?

— Aucune idée. Je n'arrive toujours pas à comprendre pourquoi nous sommes là.

Ori se portait nettement mieux. Je crois bien que certaines de ses plaies puaient encore, mais je ne pouvais pas en être certain. L'air était chargé de l'odeur de nos corps trop longtemps confinés. Chose certaine, mon frère était bel et bien revenu.

— Il faudrait pouvoir les entendre, les voir, leur parler..., réfléchissait-il tout haut.

J'étais bien d'accord avec lui. Enfermés dans cet endroit que nous n'avions jamais connu auparavant, il ne nous restait que les mots pour arriver à nous sortir de là... Et peut-être aussi un soupçon de ruse.

Tout à coup, l'ouverture laissa échapper une douce brise. Quelques heures plus tôt, on nous avait lancé une poignée de galettes grugées par des vers. Nous n'attendions aucune visite avant plusieurs jours.

À force de grands signes, nous comprîmes que l'homme-courge voulait que nous le suivions. Il laissa descendre une échelle de bois et je grimpai le premier.

Aussitôt sorti, je fus aveuglé par le soleil. On aurait dit que ses rayons étaient semblables à des milliers de petits éclats de silex[7] dans mes yeux. L'air gonflait mes poumons sur le point d'exploser. Le ciel et la mer tourbillonnèrent, et je tombai dans un grand trou noir.

---

[7] Roche très dure utilisée par les Amérindiens pour fabriquer leurs armes et leurs outils.

Quand je repris conscience, Ori se tenait à genoux à côté de moi. Les mains nouées dans le dos, il regardait le plus droit possible devant lui. Des voix faisaient leur chemin jusqu'à mon esprit, mais je ne comprenais rien.

Dans un ciel d'un bleu infini, le soleil me narguait de ses rayons si puissants que j'avais peine à ouvrir les yeux. Je sentais les embruns de la grande eau sur ma peau, comme autant de flocons des premières neiges de l'hiver. C'est à peine si j'arrivais à respirer, mes poumons semblaient ne plus vouloir laisser s'échapper cet air si bon qu'il leur était enfin permis de goûter.

J'avais l'impression d'être sur une grande île flottante faite de cordes et de bois. Tout autour, il n'y avait que du bleu : le ciel, la mer, tout se perdait dans une infinité de bleus. Je compris d'où venait la couleur des yeux de mon frère. Elle venait d'ici, de cette mer houleuse, de cette île flottante, de ce ciel aveuglant. Ori avait trouvé d'où il venait. Pouvait-il vraiment être chez lui ?

Un grand homme aux vêtements colorés et coiffé d'un chapeau à plumes parlait d'une voix forte, en trémoussant les longs poils qui poussaient sous son nez. Tous l'écoutaient.

Sans avoir la prestance des chefs iroquoiens ou algonquiens, il se dégageait de lui une forme d'autorité que les autres hommes, tous aussi poilus au visage, semblaient respecter. Devant lui, se tenait un presqu'homme aux épaules aussi larges qu'un homme, mais voûtées comme celles d'un enfant qui a fait une bêtise.

Je compris vite que le chef exigeait que le presqu'homme s'occupe de nous. Pourquoi ? Je n'aurais pas su le dire.

Maintenant, je sais.

Chapitre 3
Les loups rôdent

Depuis que le presqu'homme nous avait à sa charge, nous recevions plus de nourriture, et l'ouverture était dégagée à tous les soirs. Il nous arrivait même de voir les étoiles.

Nous reprenions des forces.

— Tu ne m'as toujours pas raconté comment nous nous sommes retrouvés ici ?

Ori n'arrêtait pas de poser des questions. Le plus souvent, il n'attendait même pas la réponse. Plus son corps reprenait des forces, plus son caractère retrouvait son naturel impatient et téméraire.

Cette fois, il restait planté devant moi. Il attendait. Il était enfin prêt à écouter.

— Tu veux la longue histoire ou la courte ?

Ori grogna.

Pour lui, je replongeai dans ma mémoire et fis revivre des images que j'aurais voulu oublier.

— La neige avait fondu depuis peu, et la terre se réchauffait doucement. Pendant la journée, tu avais réussi à trouver, pour faire une tisane, quelques racines que je ne reconnaissais pas.

Comme toujours, j'ai fait confiance à ta science. Je ne sais pas si c'est ce que tu voulais, mais l'infusion nous a plongés dans le monde des rêves très rapidement, et je n'ai pas d'autres souvenirs de cette soirée.

Un frisson me parcourut le dos, et je poursuivis.

— Les étoiles pâlissaient déjà dans le ciel, quand des bruits étranges m'ont sorti de mon sommeil plus lourd qu'à l'habitude. Je t'ai vu courir vers notre canot, et j'ai entendu ta voix crier mon nom.

Je racontais, mais j'avais l'impression de revivre ces moments.

— Je voulais te rejoindre, courir vers toi, mais des hommes me retenaient. D'autres te suivaient. Quand j'ai voulu te prévenir que l'un d'eux arrivait par la rivière, j'ai reçu un coup sur la tête, et tout est devenu noir.

Ori attendait la suite.

— Ils m'ont jeté ici. J'espérais que tu avais réussi à fuir. Mais je me trompais. Ils t'ont amené à moi bien plus tard. Lorsque je t'ai vu, j'ai cru que tu étais passé dans le monde d'après.

Ori ne pouvait pas imaginer à quel point j'avais eu peur.

Il lui restait une question, toujours la même... J'avais une réponse, toujours la même.

— Je ne sais pas pourquoi nous sommes là.

Ori caressait la dent de loup qui pendait à son cou pendant qu'il réfléchissait, comme si elle avait le pouvoir d'éclairer son esprit pour mieux comprendre.

— J'ai l'impression que tu racontes mon rêve. Je ne sais plus ce qui est vrai ou non.

Ori m'intriguait. J'essayai de le rassurer, de lui dire que c'est souvent ainsi. Au réveil, on ne sait pas toujours distinguer la réalité du songe. Je l'encourageai à me raconter son rêve.

— Je suis au milieu d'une forêt d'arbres toujours verts. L'air est chargé d'humidité, et la terre sent les feuilles mortes qui viennent la nourrir.

Avec lui, je replongeais dans notre passé, dans notre monde.

— Autour de moi, des loups forment un cercle bien serré. Je ne peux pas m'échapper. Au lieu de trembler de peur, je cherche une issue. Aucune. Désespéré, je choisis de ruser. Je feins de vouloir les braver, et je m'avance vers celui qui porte la queue relevée, le chef. Prenant mon mouvement pour une attaque, le loup me balaie d'un coup de patte au visage. Je tombe et je fais semblant d'être mort.

Je sentais la peur de mon frère encore présente.

— Au bout d'un moment, ils se désintéressent de moi et je peux m'esquiver sans bruit. Malheureusement, l'un d'eux s'en aperçoit, et là, j'ai droit aux coups de tête, de pattes, aux griffes et même aux dents. Ma jambe est écrasée par trois loups qui me sautent dessus... et c'est à ce moment que je m'éveille.

Tout concordait : sa blessure au visage, sa jambe mal en point.

— Je crois que la réalité et le rêve font parfois d'étranges unions.

Le dos appuyé au mur, Ori semblait méditer mes mots, mais ses pensées étaient déjà ailleurs.

— Tu as remarqué comme leur peau est claire ?

Je hochai la tête. Je savais bien qu'Ori cherchait ses origines. Tout comme moi, il voulait trouver sa place dans ce monde si vaste.

— Ce serait donc mon peuple ? me demanda-t-il perplexe.

Je n'avais rien à lui répondre. Il m'était assez difficile de l'imaginer vivre sur une île flottante toute une vie ! Dans sa voix, j'entendais le doute et le désir. Lequel était le plus fort ?

Chapitre 4

Un bateau long comme beaucoup trop de canots

— Qu'est-ce qu'il nous veut enfin ? Je n'y comprends rien ! s'énervait Ori.

Ce jour-là, après être descendu jusqu'à nous, le presqu'homme avait rendu tout son repas du matin. Je crois bien que notre odeur lui était insupportable. Il nous a obligés à vider le contenu de notre réduit, à jeter par-dessus bord tout ce qui s'y trouvait, avant d'y lancer de l'eau pour nettoyer le sol. À peine quelques allers-retours et nos corps demandaient grâce. Nos muscles nous rappelaient cruellement leur existence.

Ori n'en finissait pas de soupirer.

— Algo, explique-moi. D'abord, ils nous laissent pourrir dans le fond de ce trou. Ensuite, ils nous nourrissent. Enfin, ils nous font faire le ménage. Que veulent-ils à la fin ? Ils n'ont qu'à nous jeter dans la grande eau et ce sera fini ! s'exaspéra mon frère en levant les bras au ciel, comme pour implorer le Grand Manitou.

Quand le presqu'homme nous entendit discuter, il s'approcha l'air furieux.

— *Hable en espanol, salvajes !*[8]

Encore une fois, ses mots ne trouvaient pas de sens, mais je compris qu'il ne voulait pas nous entendre parler iroquois... Comme les Algonquiens, il nous refusait ce privilège.

Nous avons vu le soleil monter au-dessus de nos têtes, puis redescendre, avant qu'on nous permette enfin de souffler un peu.

Tout le jour, les hommes nous regardaient d'un air dédaigneux. Ils allaient et venaient, vaquant à des tâches dont je ne comprenais pas le sens.

Certains montaient dans des arbres sans branche d'où pendaient des choses qui ressemblaient à d'immenses peaux presque blanches, que l'esprit du vent gonflait.

Un autre restait perché en haut du plus grand pieu, dans un étrange panier. Il scrutait l'horizon, tantôt en mettant sa main au-dessus de ses yeux, tantôt à travers un long bâton qu'il tenait droit devant lui.

D'autres encore faisaient rouler des tonneaux d'un bout à l'autre du bateau. Chose étrange, aucune femme n'habitait cette île flottante.

Puis, sans crier gare, nous avons été encerclés par autant d'hommes qu'il y a de doigts dans deux mains.

---

8 « Parlez en espagnol, sauvages ! »

Ils riaient, s'exclamaient en nous pointant du doigt. Chacun d'eux tenait un seau dont ils se firent un grand plaisir de nous lancer le contenu. L'eau venait de toutes les directions à la fois. C'était comme si j'étais sous un torrent glacial.

Saisi par le froid, je voulais me montrer fort et endurant, mais mon corps tremblait. J'avais l'impression que l'esprit de l'hiver trouvait son chemin jusque dans mes os. Ori était tombé à genoux sous l'impact.

Quand il eut repris contrôle de son corps, mon frère était pâle de colère. Il s'avança vers le presqu'homme et lui hurla en iroquois :

— Que voulez-vous ?

Prenant son attitude pour une attaque, deux hommes brandirent des espèces de lances taillées dans une pierre que je ne connaissais pas. Les pointes immenses semblaient aussi tranchantes que des dents de lynx, et j'eus peur pour mon frère.

Le presqu'homme et Ori se défiaient du regard. La colère qui animait mon frère lui donnait la force de se tenir debout, malgré le souffle glacial qui transperçait encore son corps.

Mais, plutôt que de se fâcher, le presqu'homme examina Ori de plus près. Il détaillait ses traits, alla même jusqu'à toucher ses cheveux.

Puis, il cracha un ordre. À contrecœur, deux poilus au visage immobilisèrent Ori pendant que l'homme-courge le frottait dans tous les sens et l'aspergeait à nouveau d'eau glacée.

Les yeux écarquillés, tous se rendaient compte qu'Ori était un Blanc, un des leurs !

Je crois bien qu'ils ne savaient plus quoi faire de nous.

Alors, le presqu'homme nous fit enfermer dans notre trou. On entendit résonner sa voix. Un moment de silence suivit. Puis, les pas s'éloignèrent. Les hommes allaient et venaient au-dessus de nos têtes, comme si nous n'avions jamais existé.

L'espace d'un souffle, j'avais cru que la couleur de la peau d'Ori aurait pu nous aider, mais non !

Pendant la nuit, le presqu'homme descendit... seul.

— Juan, articula-t-il en tapant sur sa poitrine.

Son regard était curieux, presque amical.

— Juan, répéta-t-il en frappant encore plus fort sur sa poitrine.

Quand je compris ce qu'il voulait, j'en fus estomaqué. Enfouissant son ressentiment au plus profond de son coeur, Ori l'avait rejoint. Il avait réussi à taire sa rage, mais je la savais toute prête à refaire surface.

Avançant sa main vers le presqu'homme, il répéta du mieux qu'il put :

— Juan.

Puis, frappant sa propre poitrine :

— Ori.

Le presqu'homme eut un rire de triomphe, et Ori un regard que je ne lui connaissais pas, un regard sournois, plein de ruse.

Les nuits suivantes, Juan vint nous rejoindre à chaque fois que les pas au-dessus de nos têtes se faisaient plus rares.

Ori posait beaucoup de questions. Tout l'intéressait. Moi, j'écoutais, j'essayais de tout retenir. Je cherchais le sens de ce qui nous arrivait.

— Qu'est-ce que c'est ? demandait mon frère en pointant chaque objet. À quoi ça sert ?

Et Juan se faisait un plaisir de répondre, trop heureux de partager ces moments avec nous.

Depuis ce fameux jour où il nous avait appris son nom, nous avions réussi à assimiler beaucoup de mots en espagnol. En échange de nos quelques réponses sur les origines d'Ori, nous avions su que Juan était le fils du Capitaine Tosa. Le bateau sur lequel nous voyagions allait en rejoindre d'autres qui appartenaient à un homme de grande influence. Le Capitaine Pizarro était à la recherche des cités d'or, des villages aussi brillants que le soleil, d'après Juan.

Pour s'y rendre, ils avaient choisi de suivre une route différente des autres équipages, ce qui les avaient menés jusqu'à notre forêt. Avant le départ, Juan avait écouté tous les récits des marins qui revenaient du Nouveau Monde. Son père l'avait mis en garde de ne pas tout croire ce qu'on racontait. Mais à la fin, c'est lui-même qui avait proposé de partir à la recherche de tous ces trésors incroyables, que l'on disait inestimables.

Mais voilà ! Ils avaient besoin de *sauvages*[9], comme ils nous appelaient, pour leur servir d'interprètes. Il nous faudrait donc traduire leurs mots pour qu'ils puissent communiquer. Le Capitaine pensait qu'étant donné que nous

[9] Membres d'un peuple considéré primitif parce qu'il ne connaît pas l'écriture.

appartenions à ce côté du monde, nous devions parler la même langue. Quelle idée absurde ! Je me suis bien gardé de détromper Juan. Il l'apprendrait toujours assez tôt...

Cette aventure des cités de soleil semblait mystérieuse et passionnante. Mais dans les yeux de Juan, je lisais une lassitude que je n'arrivais pas à m'expliquer. Ce n'est que bien plus tard que je compris toute l'horreur que ce voyage représentait pour un peuple entier. Cependant, je crois que Juan en avait saisi la gravité depuis le début, parce que sa voix se faisait murmure quand il en parlait, comme si le seul fait de l'évoquer rendait le destin plus vrai.

Le voyage sur la grande eau n'en finissait plus, et je commençais à croire que ce bateau n'était pas seulement un bateau, mais bien leur seul territoire.

Chapitre 5

Les ennemis des ennemis

Je dormais encore quand j'entendis notre ouverture se rabattre pour laisser tomber Juan.

— Venez, il faut tout de suite aller sur le pont[10] inférieur.

Le pont inférieur ? En haut ? Je n'y comprenais rien, mais Juan semblait réellement terrifié.

— Vite, il faut y être avant la bataille ! insistait-il.

Ori et moi l'avons suivi. Juan nous a fait grimper à l'air libre.

Là-haut, les hommes semblaient avoir perdu la tête. On criait, on courait, on revenait sur ses pas. On tirait sur les cordages, on les relâchait. Les voiles montaient, descendaient... Je crois qu'ils ne savaient pas vraiment ce qu'ils faisaient.

— Algo, suis-moi, me pressa Juan.

Nous avons contourné des barils qui roulaient et sauté par-dessus des caisses qui traînaient. Finalement, nous avons traversé tout le bateau. Juan nous a fait descendre par un trou pratiqué à même le pont, beaucoup plus grand que l'ouverture où nous étions retenus prisonniers. Je descendais encore et encore. À chaque fois que je pensais que

---

10 Surface horizontale d'un navire, le plancher.

le sol était tout près, mes pieds ne rencontraient qu'un barreau de plus. Juan voulait nous mener tout au fond du bateau, mais l'air se faisait de plus en plus rare. Moi qui pensais que ça ne pouvait être pire que dans notre trou !

— Je crois que nous allons devoir nous arrêter ici, annonça-t-il l'air déçu.

J'entendais l'eau frapper la coque[11] du bateau. Pendant que j'essayais de comprendre où nous étions exactement, mon frère fulminait.

— Vas-tu nous expliquer ce qui arrive ?

Mais Juan tremblait de peur. Je crois qu'il ne nous voyait même pas. Ori l'agita comme on secoue un oiseau qu'on veut déplumer. Juan le regarda enfin.

— Des pirates ! Ce sont des pirates ! Ils veulent nous voler, nous couler, peut-être même nous tuer... Va savoir !

De grands bruits se firent entendre juste au-dessus de nos têtes.

— Ce sont les marins qui sortent les canons, expliqua Juan.

Devant nos mines ahuries, il se dirigea vers la coque. Puis, il dégagea une ouverture.

— Venez voir par le sabord[12].

---

[11] Partie extérieure d'un bateau qui lui permet de flotter ; une grande partie de la coque se trouve sous l'eau.

[12] Ouverture munie d'une fermeture étanche, pratiquée sur la coque d'un bateau pour permettre l'aération et le tir des canons.

Nous passâmes la tête par l'ouverture. La première chose que je vis fut l'eau. Elle était si près que j'en eus le visage complètement trempé. J'avais le goût du sel dans la bouche et les yeux me piquaient.

Un autre coup de tonnerre résonna dans le bateau. J'avais l'impression de me trouver à l'intérieur d'un immense tambour. Je levai les yeux au-dessus de ma tête. Un énorme tube noir sortait d'un autre trou. Combien y en avait-il dans ce bateau ? Ne savaient-ils pas qu'il est dangereux que l'eau n'entre dans le navire ?

— C'est un canon. J'espère que les pirates ne sont pas aussi bien armés que nous.

J'entendais le doute dans la voix de Juan.

Je sentais les efforts du bateau pour changer de direction. Le navire ne faisait pas que foncer vers l'avant, il pivotait. Juan s'approcha. Nous étions tous les trois collés les uns sur les autres pour voir la suite des événements. Les bruits de voix et de tambour devenaient plus intenses.

Tout à coup, nous vîmes un bateau extraordinaire. Long comme trente canots, il avait deux pieux garnis de voiles grises aussi gonflées que les joues d'un enfant qui apprend à siffler. Tout en haut, flottait une étrange peau noire.

La voix tremblante, Juan nous dit que c'était un pavillon[13] pirate.

Des voix étrangères nous parvenaient, tellement elles étaient près maintenant. On aurait dit que cette bataille était pour eux une fête. Des hommes étaient grimpés sur les pieux à différentes hauteurs. Certains, même, se balançaient !

— Vite, il faut fermer le sabord ! ordonna Juan.

Je me retirai, mais Ori était subjugué. Il restait accroché au rebord, trop curieux d'assister à cet étrange combat en mer qui se préparait.

— Attends, je veux voir !

Juan n'était pas de taille. Quand Ori avait décidé quelque chose, rares étaient ceux qui pouvaient le convaincre du contraire. Je n'ai pas pu m'empêcher de passer à nouveau la tête par l'ouverture.

Le bateau pirate n'était plus qu'à quelques coups de rames de nous. Le premier coup de canon fut tiré tout juste au-dessus de nos têtes. Ensuite, une dizaine d'autres suivirent. Ils sont presque tous tombés dans la grande eau, mais deux d'entre eux atteignirent leur cible. Le premier abîma l'avant du bateau, tandis que le deuxième toucha quelques hommes sur le pont. Des flèches enflammées volèrent à travers le ciel. L'une d'elles se ficha près

---

[13] Drapeau aux couleurs du pays des marins.

de nous. Je réussis à la retirer, mais je l'échappai dans les flots.

Les canons crachèrent à nouveau leurs boulets. Plus ils crachaient, plus ils atteignaient leur cible, parce que les bateaux se rapprochaient dangereusement.

— Oh non !

L'un de leur pieu tomba et le navire ennemi se mit à tanguer.

— Oh non !

Pourquoi, Juan, était-il déçu que ses ennemis coulent ?

— Ils vont passer l'abordage[14]...

Je compris rapidement la terreur de Juan quand je vis des hommes voler du bateau pirate au nôtre.

D'un seul mouvement, Juan, Ori et moi nous sommes reculés. Juan ferma le sabord avec force et détermination. Ensuite, nous avons bloqué l'entrée jusqu'à nous.

---

14 Assaut donné contre un navire ennemi.

Nous sommes restés là un long moment me semblait-il, mais je n'en suis plus aussi sûr. Il flottait dans l'air une odeur de feu. Le bateau craquait. La vie et la mort dansaient autour de nous.

Tout à coup, le pont au-dessus de nos têtes éclata. Il y avait les bouts de bois partout. Un canon gisait à mes pieds. Un tonneau s'était fendu un peu plus loin, et un homme se relevait avec peine.

Quand Juan aperçut le pirate, il attrapa un bout de bois et s'en servit comme d'une épée. Le voyant s'approcher, l'homme eut un sourire mauvais. Comme il fonçait vers Juan, Ori lui lança une caisse dans les jambes. Le pirate perdit l'équilibre et s'empala dans l'épée de fortune de Juan.

Je me précipitai pour le soutenir.

— Tu as été fantastique, Juan, le félicita Ori. Tu as vaincu un pirate. Je suis épaté ! s'extasiait Ori.

Je trouvais que mon frère exagérait, mais ce fut efficace. Juan finit par sourire.

Quand le calme fut revenu, Juan ouvrit le sabord. Du bateau pirate, il ne restait que des débris qui flottaient à la dérive.

— Il faut monter, dit Ori. Nous ne pouvons pas rester ici.

Ori avait raison. Peu importait qui avait été vainqueur, il fallait faire face.

— Attendons encore. Il est peut-être trop tôt, plaida Juan.

— Je ne suis pas d'accord. Si nous restons ici, nous serons trop faibles pour faire quoi que ce soit et nous mourrons.

Les cris de mon ventre faisaient écho à ceux d'Ori et de Juan. Ma bouche était si sèche que j'avais du mal à parler.

— Ori a raison. Il faut être courageux.

Joignant le geste à la parole, je grimpai.

Sur le pont, les corps de plusieurs marins gisaient. Il était parfois difficile de savoir de quel équipage ils faisaient partie. Les hommes en vie s'occupaient de passer par-dessus bord les corps inanimés des ennemis vaincus et des amis morts dans l'honneur. Pêle-mêle, leurs corps étaient donnés à la grande eau.

— Tiens, Quatre-Doigts est réapparu ! lança un marin aussi grand qu'un plant de maïs.

Dans sa voix, j'entendais une déception.

— Tu t'étais caché, hein ? C'est bien ce que je pensais que tu ferais, continua-t-il pour que tous l'entendent.

J'aurais cru que Juan aurait répliqué quelque chose. Il était tout de même le fils du Capitaine ! Mais non. Il restait silencieux et baissait la tête.

Le Capitaine passa tout près. Son visage sans expression laissait clairement comprendre que la victoire avait été coûteuse. Même le fait de savoir son fils vivant ne semblait lui apporter aucun réconfort. Il poursuivit son chemin vers l'avant du bateau.

Chapitre 6
Allié ou non ?

Les marins avaient beaucoup travaillé. J'étais surpris de voir comment ils avaient réussi à réparer le navire, alors que nous étions toujours sur la grande eau, sans terre en vue. La vie semblait reprendre son cours normal.

Ce soir-là, le bateau nous ballottait au rythme des vagues de plus en plus hautes. Les vents s'étaient levés pendant la journée. Depuis, ils se déchaînaient sans relâche. Le ciel hurlait sa colère.

Mon estomac avait du mal à supporter ce balancement interminable. Je n'ai jamais pu m'expliquer comment Ori arrivait à dormir alors que mon esprit imaginait le bateau se couchant sur la grande eau, puis s'y enfonçant sans fin.

— Il est temps ! cria Ori dans son sommeil.

Aussitôt, je m'approchai. Je pris soin de ne pas le déranger. Au fil des mois, j'avais appris combien ses rêves pouvaient être précieux. C'étaient des moments uniques où les esprits visitaient mon frère, lui laissant toujours des messages du passé, du présent ou de l'avenir.

Depuis cette première fois où Ori m'avait amené avec lui dans son rêve, j'avais apprivoisé quelques-unes de mes craintes. Ma peur s'était transformée en curiosité.

— Le temps des masques est arrivé, hurla-t-il encore.

Le temps des masques ? Comme j'aurais voulu plonger dans ce rêve ! Je sentais que notre destin se dessinait dans sa tête et je ne pouvais pas le voir. C'était frustrant !

Le panneau s'ouvrit soudainement laissant entrer une vague d'eau glacée qui réveilla Ori instantanément. Juan descendit l'échelle et nous rejoignit.

— Allez-vous bien ? demanda Juan, juste au moment où j'aidais Ori à s'asseoir.

Il avait dû sentir que quelque chose venait de se produire, mais quoi ? Juan ne le savait pas, et il ne fallait pas qu'il le sache non plus !

— Vous n'avez pas trop de mal ? Tu m'as l'air bien perdu, Ori, s'inquiéta-t-il, soupçonneux.

— Moi ? Ça va, répondit innocemment Ori en me regardant.

Juan ne nous croyait pas. C'était évident. Aussi, ajoutai-je :

— Ori a peur des orages et il n'aime pas qu'on le sache. C'est tout !

Son regard allant de l'un à l'autre, Juan esquissa un sourire quand il vit l'air de plus en plus renfrogné d'Ori. Puis, il nous demanda de le suivre. Il fallait prêter main forte aux marins sur le pont.

— Les aider ? Mais, ils pensent à quoi ? Qu'on va les remercier après peut-être ? me souffla Ori à l'oreille.

Nous ne savions pas ce qui nous attendait. Après l'assaut des pirates, nous avions compris qu'il nous restait beaucoup à apprendre de la vie sur la grande eau.

Au milieu de l'échelle, mon pied glissa et je dégringolai de quelques barreaux. C'est sur la tête d'Ori que je repris pied !

— Aïe ! Attention !

J'eus beau m'excuser, rien à faire. Ori était furieux. Tout le contrariait. Bien sûr mon frère était prompt, mais de là à être d'aussi exécrable humeur, il y avait un monde. Je me doutais qu'il cachait quelque chose.

Sur le pont, rien ne ressemblait à rien. L'esprit de la foudre éclairait le ciel noir d'étranges arbres de lumière qui apparaissaient et disparaissaient. Les grondements de l'esprit du tonnerre avaient du mal à percer le bruit de l'eau en colère. D'énormes vagues sombres balayaient le pont amenant avec elles barils, voiles, cordages et... hommes. Nous étions trempés avant même d'avoir fait deux pas.

— Nous devons attacher les voiles pour qu'elles ne se déchirent pas, cria de toutes ses forces Juan.

Pauvre lui ! Les voiles étaient déjà en lambeaux. Nous nous attaquâmes tout de même à la plus près. Trois marins tentaient déjà de l'attacher. Chargée d'eau et poussée par le vent, la voile refusait de se laisser enrouler. Ensemble, nous tirions sur les cordes, nous les échappions, puis les rattrapions, pour recommencer encore et encore.

Nous venions tout juste de faire le dernier noeud qu'une vague venue de bâbord[15], la plus grosse de toutes, s'abattit sur nous. J'allais être emporté quand Ori me retint de justesse. Le rythme du tam-tam dans ma poitrine accéléra.

Tout juste à côté de moi, je vis l'homme-courge glisser jusqu'au bastingage[16]. Il l'avait échappé belle. Un peu plus et il passait par-dessus bord. Quand il se releva, il ne s'attendait pas à recevoir l'assaut d'une nouvelle vague.

Elle le faucha et le fit rouler à tribord[17], de l'autre côté du pont. À cette vitesse, il allait assurément se retrouver dans la grande eau en furie.

Faisant taire les petites voix qui me disaient de retourner sous le pont, je bondis vers lui. J'attrapai sa main et m'amarrai au mât pour ne pas être entraîné au large[18].

---

15 Côté gauche d'un bateau.

16 Barrière qui entoure le pont d'un bateau.

17 Côté droit d'un bateau.

18 Loin des côtes, haute mer.

Nous restâmes là, grelottant sous la pluie, sous le déferlement des vagues, jusqu'à ce que les vents s'apaisent et que la grande eau se calme. Toute la nuit, je me suis accroché au mât. Toute la nuit, l'homme-courge est resté agrippé à moi.

Au matin, dans ses yeux, je lisais toute sa gratitude.

Je ne peux pas dire que la tempête était un souvenir. Dans nos esprits, nos corps et nos coeurs, elle bourdonnait encore. Elle avait détruit les voiles, cassé un des mâts. Mais surtout, elle avait emporté quatre marins qui n'auraient jamais leur part du trésor.

J'avais presque oublié le rêve d'Ori. Mais dès que nous fûmes seuls, il m'annonça sans détour :

— Nous devons partir avant qu'il ne soit trop tard. Mais comment veux-tu que nous nous sauvions ? C'est la grande eau partout autour !

J'avais déjà vu Ori inquiet, dérouté, exaspéré, mais si découragé, ça non !

— Si les esprits t'ont donné ce message, c'est qu'il doit y avoir une solution toute proche.

Le regard d'Ori se perdit quelque part derrière moi, mais il ne trouva rien pour le retenir. Son rêve endormi lui dictait de quitter ce peuple au plus vite, alors que son rêve éveillé lui commandait de mieux le connaître.

Quand le Capitaine Tosa nous avait aperçus sur le pont, il était entré dans une colère noire. Il avait exigé que Juan nous enferme, et l'avait insulté avec des mots que nous ne connaissions pas.

— Je crois qu'ils ne veulent pas de moi, lâcha mon frère dans un souffle.

Je ne répondis rien. Je n'avais rien à lui dire et aucune envie de le convaincre du contraire. Bien sûr, je souhaitais que mon frère puisse vivre heureux avec les siens... Mais je ne pouvais accepter que ce soit sur ce bateau. Ce n'était pas une vie pour un homme libre ! C'était, tout au plus, une épreuve des mauvais esprits pour éprouver notre courage et notre détermination.

— De toute façon, je ne veux pas d'eux ! fit-il avec colère.

Ses mots sonnaient faux. J'ai cru que j'allais me noyer dans son regard tellement le bleu de ses yeux était profond.

Quand la tempête de la nuit et celle de son coeur se furent apaisées, Ori me raconta son rêve.

« Dans une forêt d'arbres à feuilles, un furet rencontre un louveteau qui n'avait jamais connu de furet.

Depuis déjà un bon moment, le jeune loup cherche une source d'eau pour étancher sa soif. Fatigué, il demande l'aide du furet. Celui-ci n'avait pas entendu son ennemi arriver. Comme le louveteau n'a pas l'air menaçant, le furet décide de faire comme si rien de surprenant n'arrivait.

— *J'ai soif. Peux-tu m'aider ?* halète le louveteau.

Le furet hoche la tête et guide le loup vers une petite rivière qui coule doucement de la montagne voisine. En route, le louveteau lui raconte que son père lui a demandé d'aller chasser le furet pour devenir un bon loup de meute.

Tout à coup, le furet se met à trembler, mais il se rend vite compte que le jeune loup ne sait pas du tout ce qu'est un furet ! Alors, pour jouer, il décide de s'en faire un ami. Ensemble, ils pêchent sur le bord de la rivière, ils s'y baignent et font même la sieste au soleil.

— *Sais-tu à quoi ressemble un furet ?* s'intéresse le louveteau au bout d'un moment.

Le furet hésite. Puis, il demande :

— *Es-tu mon ami ?*

— *Bien sûr !* s'exclame le jeune loup en tortillant sa queue.

— *Laisse-moi me rappeler... un furet est agile et rapide. Sa fourrure brune lui permet de bien se cacher. Son corps est allongé, même si ses pattes sont plutôt courtes.*

À mesure que le furet parle, le loup écarquille les yeux.

— *C'est toi ? ! !*

Le louveteau reste interdit et le furet sur ses gardes, prêt à fuir. Puis, le rire du loup remplit la forêt.

— *Incroyable ! Mon père voulait que je te chasse ! Il a sûrement voulu se jouer de moi !*

Le louveteau ne pouvait croire que son ami puisse être son repas ! »

Ori n'avait plus besoin de me dire qu'il était le furet de son rêve, parce que c'était toujours la forme qu'il prenait. Et il n'était pas difficile de deviner qui était le loup.

— Si l'ennemi devient un ami... alors il n'y aura plus d'ennemi ! s'exclama victorieusement Ori.

Alors, tout était tracé. Encore une fois, les esprits avaient été bons avec Ori, avec nous. Souvent, je me suis dit que Ninjee devait bien avoir quelque chose à voir avec tous ces messages. D'ailleurs, Ori n'avait-il pas commencé ses rêves après que Ninjee fut passée dans le monde d'après ?

Chapitre 7

Des souvenirs qui rapprochent

Il fallait que Juan devienne un ami... Bien sûr, il était venu nous voir, nous avait enseigné la langue, mais il faisait aussi partie de ceux qui nous avaient faits prisonniers. Quand nous voudrions fuir, à qui irait sa loyauté ?

C'est ce moment qu'Ori choisit pour me surprendre. Je ne le savais pas capable de cacher si bien ses véritables sentiments. Je n'imaginais pas ses racines iroquoiennes si solides !

— Tes parents sont morts aux mains des Iroquoiens ? Je suis vraiment désolé, compatit Juan.

— Algo aussi a perdu sa famille en même temps. Mais lui, il est Algonquien.

— C'est quoi déjà, des Algonquiens ?

La curiosité de Juan était insatiable. Il passait de plus en plus de temps avec nous. Les questions fusaient plus vite que les réponses.

Plus Juan en apprenait sur notre vie passée, plus il était enthousiaste. Plus nous lui racontions nos écueils, plus son admiration grandissait. Malheureusement, je crois que c'est à peu près à ce moment qu'il comprit que les différents peuples de ce qu'il appelait le Nouveau Monde ne parlaient pas tous avec les mêmes mots. Je commençais à craindre qu'il réalise que nous ne leur serions d'aucune utilité une fois rendus à terre.

— J'ai l'impression que l'équipage prépare quelque chose, laissa échapper Juan dans un instant de distraction.

Ori et moi avons échangé un regard. Puis, je lui ai demandé ce qu'il voulait dire.

— Bien, je ne sais pas trop. C'est difficile à expliquer. Ils parlent à voix basse. Ils se rassemblent à des endroits où ils n'allaient pas avant... Je crois qu'ils préparent une mutinerie.

— Une mutinerie ?

Juan parlait les yeux fixes, comme si toutes les réponses se cachaient dans les noeuds de la poutre devant lui.

Dans un soupir, il nous expliqua :

— Une mutinerie, c'est quand les marins décident de se rebeller contre le capitaine. C'est très grave. Mais si je le dis au Capitaine, les marins m'en voudront. Et si je me trompe, je vais encore me faire ridiculiser... Surtout que mon père a plus confiance en Franco qu'en moi !

Franco, c'était le plant de maïs, le second[19] du Capitaine Tosa.

— Que portes-tu à ton cou ? demandai-je à Juan.

Une chaîne descendait jusque sous sa tunique. Depuis déjà longtemps j'étais curieux de savoir ce qui s'y trouvait. Ce qu'on cache révèle souvent ce que nous sommes vraiment.

Juan porta la main à son cou et tenta de dissimuler la chaîne. Son geste était bien inutile, mais je sentais son malaise. Il porta son regard à la ronde, comme s'il se croyait épié. Puis, nerveusement, il murmura :

— Vous n'auriez pas dû voir ça.

Ori s'approcha.

— Raconte. Tu n'as rien à craindre avec nous.

19 Marin qui aide le capitaine dans des tâches variées, homme de confiance.

Juan hésitait. Doucement, il tira sur la chaîne et nous montra un anneau qui brillait comme la surface de l'eau au soleil.

— C'est la bague de ma mère. Elle la portait toujours, enfin presque...

Juan caressait son anneau avec douceur comme si c'était la main de sa mère, comme pour y retrouver une tendresse disparue.

— Le jour de ma naissance, sa main avait tellement enflé qu'elle avait dû la retirer. Elle a beaucoup souffert à cause de moi, parce que je n'arrivais pas à sortir. Avant même de voir le jour, j'étais incapable d'être un bon fils... Elle a perdu trop de sang. La sage femme a quand même réussi à me faire naître. Elle disait que j'étais un bébé miracle. Mon père, lui, m'a toujours considéré comme un assassin.

Dans tous les peuples des enfants naissent, et parfois les mères meurent. C'est triste, mais c'est ainsi. Il n'y a rien à dire, rien à expliquer. On ne peut que s'associer au chagrin pour le partager et continuer à honorer la vie offerte par le Grand Manitou.

— Mon père gardait cet anneau dans une petite boîte, le coffret de parures de ma mère. Il ne voulait jamais que j'y touche. Mais quand il partait, il m'arrivait souvent de l'ouvrir et d'en regarder le

contenu : des bijoux magnifiques. Un jour, je n'ai pas pu m'en empêcher. J'ai pris l'anneau. Depuis, je le cache, parce que je sais que mon père serait fou de rage de savoir que je l'ai.

Mon frère tira sur sa lanière de cuir et découvrit l'amulette protectrice qui pendait à son cou. C'était un moment magique, un moment unique où la rencontre de deux peuples ne pouvait être plus intense. Chacun à sa manière portait à son cou un morceau de celle qui avait fait de lui ce qu'il était.

Juan voulut toucher la dent de loup. C'est à cet instant que je pus voir, pour la première fois, sa main... Il lui manquait un doigt ! Ce n'est pas qu'il était coupé. Non. Seulement, sa main n'avait jamais comporté cinq doigts. Il lui manquait le petit doigt, et sa paume était plus étroite. J'étais fasciné.

Juan se rendit compte que j'avais remarqué sa différence. Il cacha aussitôt sa main au fond de sa poche et disparut sans attendre la fin de l'histoire.

— Tu n'aurais pas dû le fixer comme ça !

— Mais je ne l'ai pas...

Ori était furieux. Je n'arrivais pas à lui expliquer.

— Juste au moment où je croyais qu'il était gagné, il a fallu que tu le fasses s'enfuir. Non mais, ce n'est pas vrai !

Excédé, Ori allait et venait devant moi. Incapable de reprendre son calme, il crachait tout son venin.

— Tu dis que je fais des bêtises, mais là, c'est toi !

Le pire, c'est qu'il avait en partie raison.

Chapitre 8

Quand le ciel et la mer dansent,
on ne sait plus où trouver les étoiles

Depuis le fameux jour de l'amulette, Juan n'avait plus été le même. Il restait distant. Il ne venait plus nous voir pour le plaisir. Il ne nous faisait plus sortir que rarement, et toujours la nuit, au moment où presque tous dormaient.

Il nous est bien arrivé de croiser quelques marins affairés, ou simplement accoudés au bastingage, discutant à voix basse, mais jamais il n'y en avait plusieurs. Dès qu'un groupe trop nombreux montait sur le pont, nous redescendions. Quand ils nous apercevaient, ils se taisaient. Certains allaient même jusqu'à changer de place avec un air dégoûté lorsque Juan s'approchait d'eux.

Chose certaine, le silence habitait tout l'espace dès qu'ils se rendaient compte de notre présence, surtout depuis qu'ils savaient que nous connaissions quelques mots d'espagnol.

Au moins quatre lunes étaient passées depuis notre capture. Dans le ciel, les étoiles nous narguaient. Certaines nous apparaissaient pour la première fois, dessinant au fil des nuits des légendes qui nous étaient inconnues. D'autres nous provoquaient en occupant des endroits où nous ne les avions jamais vues. Même Ori n'y comprenait rien. Nous nous sentions bien loin de notre forêt !

Depuis le début de cette aventure sur la grande eau, le grand chasseur d'ours ne nous avait pas quittés. Habituellement, il n'habitait pas notre ciel pendant la saison chaude. Mais là, il nous suivait, comme s'il veillait sur nous. C'était étrange et rassurant à la fois.

— Comment le monde peut-il être si vaste ? me demandait Ori.

— On dirait que même les saisons sont chamboulées ! ajoutai-je en contemplant les étoiles qui se baignaient dans la mer.

Nous avons vu encore une fois la lune disparaître et croître, avant de comprendre le secret de Juan. Un soir que nous étions sur le pont, deux marins chuchotaient à voix basse.

— Je ne comprends pas le Capitaine.

— Ha... les liens du sang, c'est difficile à couper.

— Quatre-Doigts a beau être son fils, il y a quand même des limites !

— S'il pouvait passer par-dessus bord à la prochaine tempête... on en serait débarrassés.

— Connais-tu quelqu'un qui s'y risquerait ?

— ...

— Moi non ! Je ne veux pas le toucher !

— Qui sait ce qui pourrait arriver ? Une malédiction en mer n'a rien de rassurant.

Si sa main à quatre doigts m'intriguait, elle semblait terroriser les Blancs. Voilà pourquoi personne ne touchait Juan, pourquoi on ne s'approchait pas de lui, comme s'il portait un mauvais esprit en lui. Voilà aussi pourquoi il avait été si facile de l'amadouer. Juan était seul parmi ceux de son peuple.

Maintenant, il devait avoir peur que nous le repoussions comme les Blancs le faisaient. Je crois qu'il aurait voulu que jamais je ne voie sa main... mais c'était trop tard.

— Je ne sais plus comment attirer son attention, se décourageait Ori. Juan ne cesse de s'éloigner...

Mon frère avait essayé de feindre l'ennui, la maladie, même un accident... Rien à faire. Juan restait imperturbable. Ni l'inquiétude, ni la pitié n'étaient assez fortes pour le faire changer d'attitude. Finalement, la ruse d'Ori se révélait beaucoup plus difficile que prévue.

Il n'y avait que l'homme-courge pour rendre notre existence plus douce. Depuis que je lui avais sauvé la vie, il nous apportait de la nourriture en cachette. Je ne savais pas toujours ce que c'était, mais nos estomacs acceptaient tout avec empressement.

— J'ai besoin de ce baril, demanda Juan à un homme qui passait près de lui.

Le marin fit celui qui n'avait pas entendu, joignant l'injure à l'insulte en baillant avec bruit.

— Bon, vous deux, aidez-moi, dit Juan en nous pointant.

Nous couchâmes le baril sur le côté et le roulâmes vers l'ouverture de notre prison. Quand nous le replaçâmes debout, le marin aussi maigre et haut qu'un plant de maïs, aux yeux fuyants comme un maringouin qu'on veut écraser, passa tout près de nous. Il souffla quelques mots ironiques vers Juan.

— Quelle cruauté ! Sa Majesté doit s'abaisser à travailler. C'est votre père qui serait fier de vous, Altesse.

J'aurais cru que Juan, piqué au vif, lui aurait répondu, ou qu'il lui aurait fait voir des étoiles en lui collant son poing au visage. Mais non ! Encore une fois, il s'est contenté de baisser la tête, de tirer plus fort sur le baril, et de nous ordonner de descendre dans notre trou.

Pourquoi se laissait-il traiter ainsi ?

Un soir que l'ouverture laissait passer une bonne brise, mais que l'échelle n'avait pas été descendue, un groupe de marins s'est réuni sur le pont.

— Il faudrait agir la nuit, annonça l'un d'eux.

— Tu as raison, mais quand ?

— Avant d'arriver sur le continent, et nous n'en sommes plus très loin.

À travers les planches du pont, nous pouvions distinguer des silhouettes. J'avais reconnu le marin responsable de la vigie[20], le plant de maïs et quelques autres qui m'avaient aspergé d'eau glacée.

— Qu'est-ce qu'on fait de Quatre-Doigts ?

— Pfft... Pas de problème ! Tant qu'il s'occupe des sauvages !

---

20 Nacelle tout en haut du mât du bateau, où une sentinelle scrute l'horizon.

— Pas d'accord ! Il faut absolument le neutraliser. Laissez-moi faire, j'ai mon idée, dit le plant de maïs.

— Qu'on fasse sortir les prisonniers ! ordonna le lendemain la voix du Capitaine Tosa.

Deux hommes nous obligèrent à monter sur le pont. Je gravis l'échelle le premier. La mer multipliait à l'infini les rayons du soleil à sa surface. Je me forçai pour ne pas me cacher les yeux. Quand Ori apparût derrière moi, j'ai vu le Capitaine au chapeau plumé durcir le regard.

— Fils, pourquoi m'as-tu caché ça ? Tu aurais dû te montrer digne de ma confiance ! hurla le Capitaine Tosa.

Les épaules courbées, Juan fixait ses bottes et ses mains s'agrippaient à son pantalon. Je commençais à comprendre que devant ceux de son peuple, Juan était incapable d'être fort.

— Réponds-moi, c'est un ordre, commanda-t-il encore.

— Je ne voulais pas vous déranger, père.

— Tu aurais dû te servir de ton jugement ! Tu as autant de cervelle qu'un asticot[21] !

Ces quelques mots en cachaient bien d'autres. Des mots de rancune, des mots qui déchirent le coeur, des mots qu'on ne peut pas oublier. J'ai bien vu que Juan les entendait même s'ils n'étaient pas prononcés. Le silence peut être parfois si bruyant qu'on ne l'entend plus.

Le Capitaine s'approcha de nous et s'étonna de notre si bonne forme. Il me détailla des pieds à la tête avec mépris. Si j'avais été sur la terre ferme, je lui aurais fait mordre la poussière.

Il se dirigea ensuite vers Ori, sans un regard de plus pour moi.

— Qui es-tu ?

Ori fit celui qui ne comprenait pas. Il regardait droit devant lui, comme tout Iroquoien qui veut se montrer fort et courageux.

— Tu es Blanc, mais tu sembles aussi sot que ces sauvages, lança-t-il en me désignant vaguement de la main.

Il n'en fallait pas plus pour piquer l'orgueil de mon frère.

— Je ne suis ni sot, ni sauvage ! Je suis Ori, claironna-t-il bien fort en espagnol.

---

21 Petit ver blanc, larve de la mouche à viande.

Le Capitaine sourit. Il mesurait le courage, la fierté et l'aplomb de son prisonnier. Ce qu'il constatait le comblait d'aise. Il saisit la dent de loup de mon frère. Il tira fermement dessus, et la lanière se rompit.

Ma main retint juste à temps Ori qui faisait un mouvement pour reprendre son amulette. Le regard suffisant du Capitaine Tosa me fit comprendre que son but était atteint.

— Tu es Blanc ? Alors, qu'on t'habille comme un Blanc ! On verra bien si ça te rendra plus intelligent !

Puis, s'adressant à son fils, il lâcha :

— Et maintenant, tu rejoindras le sauvage pour apprendre comment on doit traiter des prisonniers !

Jetés au fond de la cale[22], Juan et moi avons gardé le silence. Il y a des moments où les mots sont inutiles.

J'imagine qu'il devait se demander combien de temps son père allait le laisser là. De mon côté, je me

22 Partie basse d'un navire, intérieur de la coque d'un bateau.

demandais comment Ori allait s'en sortir. Je savais qu'il était capable d'apprendre vite, de survivre en forêt, mais j'avais peur qu'il commette des bêtises. Ce serait bien lui !

— Est-ce que ça va ? m'enquis-je finalement auprès de Juan.

Il haussa les épaules en signe d'impuissance.

— Ce n'est pas si terrible. Tu verras, essayai-je de l'encourager.

Peine perdue, mon compagnon ne me croyait pas.

— Tu ne connais pas le Capitaine. Tu ne peux pas savoir ce qui t'attend.

Je n'étais pas rassuré.

Chapitre 9

Le nouveau fils

— Venez sur le pont, vous deux ! hurla une voix bourrue.

C'était le Capitaine Tosa qui nous appelait.

Juan se leva et monta l'échelle le premier. Juste avant de sortir, il se tourna vers moi :

— C'est le début.

Le début de quoi ? Je ne tardai pas à le savoir.

Le Capitaine avait décidé qu'il fallait que nous fassions notre part pour payer notre logement et notre nourriture. Payer ! Quelle étrange idée !

Pour s'assurer que nous comprenions bien qu'il était inutile de tenter quoi que ce soit, il demanda au plant de maïs de nous attacher au mât. Puis, il attrapa ce qui me semblait être des lanières de cuir attachées à un bâton. Il fit claquer les lanières sur notre dos jusqu'à ce qu'il soit rouge et poisseux. J'avais l'impression que des lames aussi chaudes que le feu pénétraient dans ma chair. Mais aucun son ne sortit de ma gorge. Les cris de Juan, eux, se perdaient parmi les vagues.

— Au travail, fainéants ! pesta le Capitaine de la même voix bourrue, lorsqu'il fut convaincu qu'il était le plus fort.

Bien sûr, mes gestes étaient hésitants. Je sentais le sol tanguer sous mes pieds, mais mon regard resta celui d'un guerrier. Le Capitaine Tosa n'eut pas la satisfaction de me voir m'écrouler ou demander grâce.

Depuis toujours, j'avais participé aux tâches, comme n'importe quel autre Iroquoien ou Algonquien. Il ne me serait pas venu à l'idée de laisser les autres tout faire. Ç'aurait été un véritable déshonneur. Je me mis donc à la tâche dès qu'on me dit ce qu'on attendait de moi. Juan avait plus de mal. Je crois que ce jour-là, il perdit ce qui lui restait d'enfance.

Le Capitaine nous demanda de frotter le pont avec des brosses qui ressemblaient un peu à des hérissons. Je pouvais enfin respirer plus facilement l'air du large et mon dos était épargné. Mes pensées me faisaient voyager loin, très loin, par delà la grande eau, au-dessus des cimes des grands arbres... tout près de ma Wâbôs, mon rayon de soleil. Il m'était doux de me rappeler ses traits, d'entendre son rire cristallin. J'arrivais même à imaginer des gestes tendres qui auraient pu être les siens si la vie nous l'avait permis.

Tout en travaillant, je pus en connaître davantage sur mon compagnon d'infortune.

— Il va nous faire travailler jusqu'à ce que nous tombions, épuisés.

— Il faut en profiter pour refaire nos muscles. Je suis inquiet pour Ori. Sais-tu ce que le Capitaine a pu faire de lui ?

Juan haussa les épaules.

— Je n'en sais rien. Il l'a peut-être enfermé dans l'autre partie de la cale.

Juste à cet instant, j'ai cru apercevoir mon frère sur le pont supérieur, à la poupe[23] du bateau. J'avais l'impression que mes yeux me jouaient des tours. J'avais du mal à le reconnaître. Mais c'était bien lui. Droit comme un pieu, il regardait attentivement les gestes du Capitaine qui tenait la barre[24]. Vêtu d'un pantalon et d'une chemise, il avait l'air aussi grotesque qu'un chevreuil à qui on aurait mis des bois d'orignal.

Croisant mon regard, Juan l'aperçut aussi.

23 Arrière du bateau.

24 Roue servant à manoeuvrer le gouvernail qui dirige le bateau.

— Le Capitaine s'est trouvé un nouveau fils ! lâcha-t-il.

Un nouveau fils ?

— Je sais qu'il ne rêve que de ça. Il veut un fils digne de lui ! Un fonceur ! Un courageux ! Un chef ! Ori est tout ça. Il ne veut pas d'un infirme, d'un faible, d'une bête de foire, lâcha-t-il en soupirant.

Je ne comprenais pas tout ce que Juan me disait, mais j'entendais sa douleur. Tout en frottant le pont, je me mis à lui raconter une vieille légende algonquienne.

« Voilà très longtemps, alors que la Lune et le Soleil cherchaient encore à savoir lequel des deux régnerait dans le ciel, une chouette voulait retrouver son nid.

Le Soleil dardait ses rayons dans toutes les directions, illuminant tout le territoire du Grand Manitou. Stimulées par la lumière, les fleurs s'épanouissaient, les insectes se multipliaient, les animaux envahissaient la forêt. Tous profitaient de cette chaleur qui fait grandir.

La Lune, se croyant bien pâle devant toute cette puissance, allait capituler quand elle entendit une petite voix.

Incapable de s'orienter, étourdie par toute cette lumière, la chouette criait sa détresse :

— *Aidez-moi. Je ne retrouve plus mon nid. Mes petits vont mourir de faim !*

Entendant son appel, les fleurs se tournèrent vers elle, les insectes se mirent à siffler de plus en plus fort, les animaux de la forêt se rassemblèrent. Le Soleil comprit qu'il se passait quelque chose d'exceptionnel. À son tour, il entendit la petite voix.

— *Aidez-moi. Je ne retrouve plus mon nid. Mes petits vont mourir de faim.*

— *Que puis-je faire de plus pour toi ?* demanda le Soleil.

— *Vous êtes fort. Vous êtes puissant. Avec vos rayons vous rendez les couleurs plus éclatantes, mais je n'y vois plus rien.*

Piqué au vif, insulté, le Soleil s'en alla bouder de l'autre côté du territoire du Grand Manitou. En quelques instants, le ciel, la terre et l'eau disparurent, tout devint aussi noir que la mort.

La chouette n'arrivait toujours pas à retrouver son nid. C'est alors que la Lune sortit timidement de sa cachette. Elle jeta une douce lumière dans le ciel, sur la terre et sur l'eau. La chouette put enfin retrouver ses petits affamés.

Pour fêter l'événement, les étoiles lui firent une fête sublime, scintillant comme autant de petits soleils lointains. Montant dans le firmament, de grandes lueurs bleues, vertes et rouges dansèrent pour le plus grand plaisir de tous.

Depuis ce jour... ou plutôt, cette nuit, le Soleil règne le jour et la Lune partage son ciel avec les étoiles et les aurores boréales pendant la nuit. »

Juan écoutait. J'avais l'impression qu'il était transporté dans un autre temps, dans un autre lieu. Il m'avait suivi dans mon voyage au temps de mes ancêtres.

— D'après toi, faut-il absolument être un soleil pour être heureux ? lui demandai-je.

— Est-ce que tu essaies de me dire que je suis pâle comme la lune ?

Je poussai un soupir. Juan était vraiment de mauvaise foi.

— J'essaie juste de te dire qu'on n'a pas besoin d'être tous des soleils, qu'il y a une place pour chacun, et qu'on peut nous apprécier pour ce qu'on est.

Juan haussa les épaules. On nous fit descendre sous le pont, là où se trouvait la cuisine.

En fait, c'était une pièce qui ressemblait beaucoup à l'endroit où nous étions emprisonnés. La faible lumière des lanternes permettait tout de même d'apercevoir d'étranges constructions. Peu de temps après, j'appris qu'on s'assoyait sur ces bancs et qu'on déposait la nourriture sur ces tables.

L'homme-courge se tenait au milieu de la pièce, un énorme couteau à la main.

— Bon ! Ce n'est pas trop tôt ! s'exclama-t-il en s'essuyant les mains sur son ventre rond.

Visiblement, il était heureux de nous voir.

Chapitre 10

L'homme-courge... le loup de mer.

La routine s'installa rapidement. Après les travaux sur le pont, nous descendions aider Estéphan à la cuisine.

Juan et lui riaient souvent. Tout en travaillant, ils se racontaient des histoires de grande eau sans fin. Ils me décrivaient leur monde où le sol était fait de pierres, où des enfants mouraient parfois de faim pendant que des rois se faisaient servir, à moins d'un jour de marche de là. J'avais du mal à croire tout ça possible. J'avais du mal à croire qu'on puisse choisir ce genre de vie.

Malgré tout, je me rendais compte que ces hommes souhaitaient la même chose que moi. Ils voulaient être heureux, ils rêvaient de liberté... même si la leur ne ressemblait pas à la mienne.

— Tu rêvasses, Algo ! Plus petits, les morceaux ! m'ordonna le cuisinier en étudiant le résultat de mon travail.

— Il rêve de sa belle Indienne, me taquina Juan.

J'avais eu le malheur de lui parler de Wâbôs. Depuis ce jour, il n'avait de cesse de m'agacer. Ce qui m'irritait le plus, c'était qu'il avait la plupart du temps raison. Ou pire, il m'y faisait penser, et ensuite il n'y avait plus rien à faire pour me l'enlever de l'esprit.

Ses cheveux dansaient devant mes yeux, même son odeur venait titiller mes narines. À ces moments, je croyais devenir fou. Elle me manquait tellement ! Que faisait-elle à l'autre bout du monde, dans sa forêt d'arbres toujours verts ?

Tous deux riaient de moi pendant que je m'appliquais à découper les pommes de terre pour le repas de fin de journée.

Un soir, Ori descendit à la cuisine alors que nous nous y trouvions déjà. Ça faisait bien quelques jours que je ne l'avais aperçu. Je le trouvai plus fort, plus fier, plus... espagnol. J'étais troublé.

Sa première pensée fut pour moi.

— Algo, comment vas-tu ?

Il ne me laissa pas le temps de répondre.

— Qu'as-tu au dos ? s'inquiéta-t-il en apercevant ma tunique tachée de sang.

Ori ne savait pas du tout ce que le Capitaine nous avait fait subir.

— Il a vraiment fait ça ? ! s'étonna-t-il.

Mon frère voulut voir mes plaies, mais je lui fis signe que ça allait, et voulus en savoir plus sur lui.

Impatient, comme toujours, Ori me raconta.

— J'apprends beaucoup de choses. C'est vraiment fabuleux. J'aimerais que tu sois avec moi. Il faudrait vraiment que j'arrive à le convaincre de te... de vous relâcher. Ça n'a pas de sens de vous garder prisonniers. Je suis certain que tu trouverais des outils beaucoup plus adaptés que ce qu'ils ont. D'ailleurs, j'ai même pensé à quelque chose.

Ori était transporté par sa nouvelle vie. Il décrivait avec force détails ses journées, cette mer qu'il apprenait à mieux connaître.

À travers son enthousiasme, pointait sa soif d'être accepté par le Capitaine et les autres marins. J'avais peur que mon frère ne devienne un étranger. J'essayais de cacher mon trouble, mais je ne suis pas certain d'y être arrivé.

— Mais, c'est étrange. Chaque fois que le Capitaine ou moi approchons, ils se taisent. Je crois qu'ils rusent.

De derrière nous, s'éleva la voix ironique de Juan :

— Comme ça, il ne s'est pas encore lassé de toi ! Chanceux ! Ça ne devrait pas tarder !

Nous sommes restés muets quelques instants. Ses mots glaçaient l'air encore mieux que les vents d'hiver.

— Eh bien non. Tu as un problème avec ça ? répondit Ori.

— Sûr que non. J'adore faire la cuisine ! ironisa Juan en s'avançant vers mon frère.

— Tant mieux ! Parce que le Capitaine n'a pas parlé de toi une seule fois, si tu veux savoir, répliqua vertement Ori.

C'est incroyable combien on peut être méchant quand on a mal !

Estéphan glissa habilement son ventre entre les deux rivaux.

— Du calme les jeunes ! Vous avez l'air de deux coqs de basse-cour. Écoutez plutôt cette vieille histoire de mer.

Estéphan fit asseoir Juan et Ori. Il sortit son harmonica qui ne le quittait jamais, et se mit à le faire chanter. Sans que je m'explique comment, au bout d'un moment, mes mains frappaient mes cuisses. Je l'accompagnais comme si j'avais un tam-tam entre les jambes.

Partis pour un long voyage,
Les marins s'engagent.
Ils laissent dans leur sillage
Des pensées pas trop sages.

Au loin dans la brume,
Les yeux des marins cherchent la lune.
Quand la mer fume,
Les yeux des marins s'embrument.

Dans le lointain, on entend.
Une musique, un chant
Qui réchauffe le sang,
Qui suspend le temps.

La voix d'Estéphan se faisait plus tendre, plus douce. Je sentais que cette musique était à la fois un voeu et une réalité, comme s'il l'avait vécue.

Il décrivait si bien cette voix venue de la mer que je l'imaginais, claire, douce, cristalline... magnifique. Je me suis pris à rêver à celle de mon rayon de soleil. Mes doigts se sont égarés sur ma lanière de cuir jaune que je porte encore aujourd'hui.

Estéphan nous parla d'une femme lumineuse aux longs cheveux flottant dans le vent marin, d'une beauté rivalisant avec les étoiles. Pour moi, elle avait les traits de Wâbôs.

Deux hommes en tombèrent éperdument amoureux. Dans leur folie, ils se jetèrent à l'eau pour la rejoindre. Ils nagèrent, nagèrent et nagèrent. Quand ils arrivèrent enfin au rocher de la belle, elle avait disparu. Elle avait plongé au fond de cette eau noire, sans même un au revoir.

Au loin dans la brume,
Les yeux des marins cherchent la lune.
Quand la mer fume,
Les yeux des marins s'embrument.

Les deux hommes ont eu beau se lancer des insultes, se menacer des pires supplices et même se battre, le coeur de la belle n'était pas à prendre. Elle resterait pour toujours et à jamais un rêve, rien de plus.

Juan et Ori étaient plus calmes, mais toujours renfrognés.

Estéphan se tourna vers Juan :

— Tu connais ton père mieux que quiconque. Penses-tu qu'il y a une place dans son coeur pour un fils ?

Deux larmes aussi salées que l'eau de mer traversèrent ses joues. Le cuisinier me fit signe de l'amener un peu plus loin.

Puis, Estéphan s'approcha d'Ori.

— Sois prudent, Ori. Le Capitaine Tosa est un homme dangereux pour tous ceux qui savent écouter leur coeur.

Je ne crois pas qu'Ori était en état de comprendre les mots du cuisinier. Sûrement plus tard.

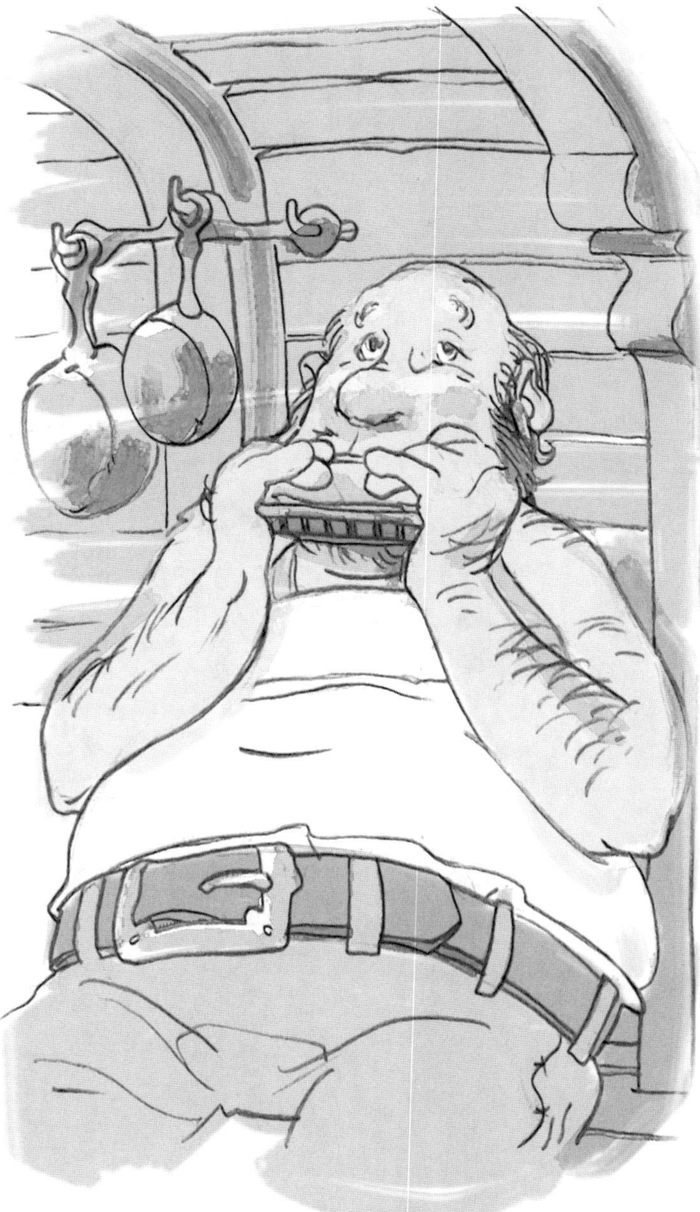

Chapitre 11

La tempête fait rage

Je sentis un vent passer à côté de moi. C'était Ori qui courait. Il me jeta un coup d'oeil en souriant sans ralentir. Il allait rejoindre le Capitaine et son second, qui étaient en pleine discussion.

— Capitaine ! s'exclama Ori avant même d'être rendu.

Le Capitaine parut agacé, mais Ori ne dut pas s'en apercevoir. Il était trop excité.

— J'ai trouvé une idée pour mieux attacher les voiles quand le vent est trop fort.

Le Capitaine fixa Ori de son regard suffisant. Mon frère resta bouche bée.

— Tu penses avoir eu une idée lumineuse après seulement quelques jours sur le pont ! Tu oublies que nos techniques sont le résultat de plusieurs années en mer !

Franco, le plant de maïs sourit.

Mon frère ne lâcha pas prise.

— Venez, je peux vous montrer !

Le Capitaine ne répondit pas et se tourna vers son second.

Élevé en véritable Iroquoien, Ori avait du mal à supporter qu'on l'ignore.

— Venez, répéta-t-il une fois de trop.

Le plant de maïs se racla la gorge. Le visage du Capitaine s'empourpra. Juan me souffla à l'oreille :

— Il va trop loin. Mon père ne supporte pas qu'on le dérange. Encore moins qu'on lui tienne tête devant un membre de l'équipage.

Ori recula d'un pas.

— C'est assez ! Retourne à la proue[25] et ne viens plus nous déranger !

Au matin, avant même que les premiers rayons du soleil n'aient percé la brume, mon frère se glissa près de nous.

— Je crois que le Capitaine vous libérera bientôt.

Entendre sa voix me rassurait.

— Et qu'est-ce qui te fait croire ça ? douta Juan.

Ori lui répondit en me regardant.

---

25 Avant du bateau.

— Je lui ai dit que tu étais capable d'inventer des outils pour aider au travail des marins, et il a semblé intéressé.

Juan soupira. De toute évidence, il ne partageait pas l'enthousiasme d'Ori.

— Tenez, j'ai apporté ça pour vous.

Ori me glissa quelques galettes au creux de la main et sortit sans bruit. Sa visite m'a fait du bien. Je m'ennuyais de sa présence et je voulais croire qu'il disait vrai. J'en avais assez de cette vie sans espace et sans air. Je rêvais de marche et de chasse, de forêt et de liberté.

— Qu'est-ce que c'est que ça ? Tu veux quoi ? gronda la voix du Capitaine Tosa.

Accroupi, briquant le pont, j'avais entendu Ori lui demander de lui rendre sa dent de loup.

— Dis-moi, pourquoi est-ce si important pour toi ?

Visiblement, Ori était mal à l'aise. Il piétinait sur place, ses mains bougeaient continuellement. Je ne reconnaissais plus mon frère, autrefois si prompt et téméraire, si sûr de lui. Il semblait plier autant que le roseau sous une brise d'été, moi qui le croyais aussi fort qu'un chêne avec son caractère de feu.

— C'est un souvenir... un porte-bonheur. C'est ma mère iroquoienne qui m'en a fait cadeau avant de mourir. Il me protège des mauvais esprits, tenta d'expliquer mon frère.

Le Capitaine Tosa écoutait attentivement. Plus Ori s'expliquait, plus le Capitaine était songeur. Puis, quand il fut question d'esprit, sa respiration s'accéléra.

— Sacrilège ! Tu insultes le Christ avec tes croyances païennes[26] ! cria-t-il avec véhémence.

Le corps d'Ori se raidit. On aurait dit qu'il avait grandi de la hauteur d'une main tellement son dos était raide. Ses yeux avaient le regard droit et déterminé du guerrier. Malgré ses vêtements espagnols, son corps dégageait toute la force du peuple iroquoien. Que sa peau soit claire n'y changerait rien, Ninjee avait planté de profondes racines dans son coeur.

Il n'y avait désormais plus de trace du malaise de l'instant d'avant. L'esprit de la colère avait pris possession de mon frère.

---

26 Se dit de croyances qui sont autres que chrétiennes, judaïques ou islamiques.

Visiblement impressionné par la réaction d'Ori, je crois que le Capitaine eut peur. Chose certaine, il ne voulait pas que mon frère tire avantage de cela.

Ori venait de dépasser les limites. Le Capitaine ne pouvait en accepter davantage. Personne ne devait remettre son autorité en cause sur son bateau. Mon frère lui donnait une belle occasion de faire valoir son pouvoir.

Promenant son regard à la ronde, il fit signe au plant de maïs de s'approcher.

— Franco, mène ce païen avec le sauvage, et dis à mon fils de venir me voir. Je crois qu'il a compris la leçon maintenant.

C'est ainsi qu'Ori perdit sa place auprès du Capitaine Tosa, et que Juan put sortir de notre trou.

Je retrouvais mon frère, celui qui était prêt à faire la tempête pour obtenir ce qu'il veut.

— Tu aurais dû me laisser faire quand il était encore temps. Maintenant, je n'ai plus rien pour me protéger ! C'est la dent de Ninjee qu'il a !

Ori m'en voulait de l'avoir empêché de récupérer son amulette quand le Capitaine la lui

avait prise. Je savais tout ça. Mais je savais aussi qu'Ori était bien trop furieux pour entendre mes mots. Toute sa colère n'avait pas trouvé de meilleure cible que moi.

— Je ne comprends pas ! Maintenant qu'il sait que je suis Blanc, que je peux apprendre tout ce qu'il y a à savoir pour vivre sur un bateau, il ne veut même pas me donner une vraie chance. Tout ça, pour une dent de loup !

Mon frère n'avait pas compris qu'il était question de bien plus. L'honneur de l'homme blanc ne repose pas sur les mêmes bases que celui de l'Iroquoien.

Puis, déchirant sa chemise, Ori continua :

— Il se moque de moi en me faisant porter ces choses ridicules ! Les Algonquiens, eux, au moins, ils t'ont laissé la chance de leur prouver qui tu pouvais être !

La colère d'Ori fouettait ses sens. Il allait et venait au fond de la cale en vociférant. Dans sa fureur, j'entendais encore son désarroi, sa déception de ne pas trouver enfin une place où il pourrait vivre en paix.

Il devait penser comme moi il y a à peine quelques lunes. Je croyais sincèrement que mon bonheur résidait parmi mon peuple. Mais j'avais trop changé. Mon peuple n'était plus mon peuple. Les Blancs n'étaient pas non plus le peuple d'Ori. Il avait trop connu la liberté pour être capable de partager cette vie sur une île flottante où un homme décidait pour tous. Ses racines ne pouvaient s'amarrer à ce bateau voyageant sur la grande eau. Elles avaient besoin de bonne terre.

Les sorties sur le pont et les tâches étaient maintenant choses du passé. Les repas s'espacèrent, de plus en plus rongés par les vers. Il ne nous restait que les rares cadeaux d'Estéphan. L'air se chargeait encore une fois des odeurs de nos corps trop longtemps captifs. Le manque de lumière embrouilla nos esprits au point de ne plus savoir si nous étions le jour ou la nuit. Mêmes les rumeurs des mouvements au-dessus de nos têtes semblaient s'éloigner.

Une nuit, je ne saurais dire combien de temps plus tard, Juan vint nous trouver à l'insu de tous. Ori fit celui qui dormait, encore trop en colère pour sympathiser avec son rival.

Je sentais que le fils du Capitaine ne se faisait pas d'illusion. Il avait repris sa place auprès de son père uniquement parce qu'Ori avait fait une erreur. Le Capitaine cherchait encore en lui quelqu'un qu'il n'était pas.

Pendant que nous discutions, Juan m'apprit que, bientôt, ils allaient se joindre aux hommes du Capitaine Pizarro, que la recherche des fameuses cités d'or allait devenir réalité. Mais il m'apprit aussi qu'il avait la preuve que des marins complotaient contre le Capitaine.

— Pas question de s'encombrer plus longtemps de ces deux prisonniers !

Malgré le brouhaha habituel, la voix du Capitaine Tosa résonnait jusqu'à nous.

— Ils ne servent à rien ! On ne pourra rien en tirer. Ils ne parlent même pas la bonne langue !

Les bruits de voix s'estompèrent peu à peu.

— Demain à la première heure ! Et il n'y a pas de discussion !

— D'accord, je m'en occupe. Vous pouvez compter sur moi, Père. Ils ne vous encombreront plus, fit une voix que nous connaissions bien.

Trop bien, aurait dit Ori.

Chapitre 12

Notre choix

— Comment Juan peut-il nous faire une chose pareille ? s'indigna Ori.

Mon frère était furieux. Il pensait que Juan voulait se venger. Et je n'étais pas loin de croire que c'était bien possible.

Tout à coup, venant de l'extérieur, des voix crièrent et répétèrent inlassablement les mêmes mots.

— Terre en vue ! Terre en vue !

Quand nous arrivâmes à en saisir le sens, nous comprîmes que les esprits ne nous avaient pas abandonnés.

— Terre en vue ! Hissez le pavillon !

Il fallait réfléchir rapidement. Le temps pressait. Cette nouvelle inespérée nous donnait l'espoir, le rêve fou d'une nouvelle liberté.

Levant les yeux au-dessus de nos têtes, la réponse à nos souhaits apparut.

— Viens-tu avec moi ?

— Où irons-nous ?

— Jusque là où nos bras et nos jambes nous mèneront.

— Comment survivrons-nous ?

— Nous savons tout ce que nous avons à savoir.

— Et s'ils nous rattrapent ?

— Nous serons courageux.

Je ne sais plus qui de nous deux posait les questions et qui répondait. Je me souviens seulement de cette joie indescriptible qui m'envahit. Les mots déjà entendus, les réponses toutes prêtes me donnaient une confiance inébranlable en l'avenir. Tout redevenait possible !

Nous n'étions pas les seuls à rêver de liberté. Un groupe de marins, plus nombreux que la première fois, discutait à voix basse.

— Bon, il est trop tard !

— Tant que nous ne sommes pas à terre, il n'est pas trop tard.

— Si le Capitaine Pizarro apprend que nous avons fait une mutinerie, adieu les cités d'or !

— Il ne saura rien, si personne ne parle.

— Attendez le signal et on passe à l'attaque tous ensemble cette nuit.

Grimpé sur tout ce que je pouvais empiler, je tentais de retirer les gonds des charnières de l'unique ouverture qui nous permettrait de sortir de notre prison. Bien que le soleil fut couché depuis longtemps, il régnait une grande fébrilité sur le pont. Toute cette agitation me permettait de vaquer à mon travail sans trop me préoccuper du bruit.

Quand je réussis à pousser le dernier gond, mon corps ruisselait de sueur et mes bras étaient secoués de tremblements. Le travail n'était pourtant pas terminé !

— Repose-toi un peu, Algo. Sinon, tu ne seras pas capable de nager bien longtemps.

Ori avait raison. Je m'accordai quelques minutes de répit, mais j'avais tellement hâte de retrouver ma liberté que je ne tenais pas en place.

Les allées et venues s'intensifièrent.

Le temps était venu.

— Aide-moi, articulai-je avec peine.

J'avais réussi à dégager l'ouverture en faisant descendre le panneau de bois, mais un tonneau avait été posé dessus pour nous empêcher de l'ouvrir. Heureusement, le tonneau avait un bon appui sur le pont, et il n'était pas tombé quand j'avais retiré le panneau. Cependant, il fallait le pousser sur le côté pour dégager l'ouverture et pouvoir sortir.

Ori m'aida et le tonneau glissa enfin juste ce qu'il fallait pour nous permettre de passer.

Avant de monter, Ori hissa sa tête hors du trou. Quand il jugea que le chemin était libre, il sortit prestement et se glissa jusqu'au bastingage. Je le rejoignis quelques instants plus tard en attrapant au passage une longue corde.

Sur le pont, ce n'était que folie. Franco, le plant de maïs, encourageait les hommes à foncer. Les veines de son cou se gonflaient tellement il poussait sa voix. On aurait dit que toute la rage du monde voulait sortir de son corps. Mais ses cris se perdaient sur la grande eau pendant que des épées tranchaient, des mains cognaient, des corps tombaient. Les marins se rebellaient contre le

Capitaine Tosa. Leur part du trésor à découvrir était-elle trop mince ? Le Capitaine avait-il été injuste avec eux ? Certains restaient tout de même loyaux à leur Capitaine, et se battaient férocement.

Au loin, je vis le Capitaine aboyer des ordres. Quatre marins chargèrent vers Franco. Ils l'attrapèrent et le traînèrent devant le Capitaine. Le plant de maïs eut un regard implorant, mais Tosa n'eut aucune hésitation. L'épée fendit l'air, et la tête de Franco roula sur le sol. Ainsi était puni celui qui rusait contre son chef chez les Blancs.

— Algo, la corde !

Ori me ramena à la réalité. Ensemble, nous la nouâmes à la barrière, et je la jetai sur la coque du navire.

— Ça y est ! s'enthousiasma Ori.

Au dernier moment, je me retournai pour faire un ultime adieu à cette étrange île flottante. J'aperçus Juan qui s'approchait dangereusement de nous. Je tirai Ori derrière des barils pour nous y cacher. Juan allait nous découvrir.

À la proue, j'aperçus la silhouette d'Estéphan. À sa façon de regarder dans notre direction, j'étais certain qu'il nous avait vus. Le tam-tam dans ma poitrine résonnait tellement fort que j'étais convaincu qu'il nous ferait découvrir par les marins.

Mais non. J'entendis plutôt le cuisinier crier à Juan :

— Par ici, le jeune !

Avant de le suivre, Juan jeta un regard inquisiteur vers nous. Mais Estéphan insista :

— Dépêche-toi. Je ne pourrai pas maintenir la trappe ouverte très longtemps.

Notre protecteur voulait mettre Juan à l'abri autant qu'il voulait nous protéger. Il savait bien que le fils du Capitaine était autant en danger que son père dans cette guerre-mutinerie, comme les Espagnols l'appelait.

⎈

Quand il fut certain que nous étions hors de danger, Estéphan nous rejoignit.

— Faites vite, nous ordonna-t-il en nous tirant de notre cache.

Quand ma main toucha la sienne, je sentis sa chaleur... pas cette chaleur physique qui nous empêche de grelotter. Non. Celle qui réchauffe l'âme, celle qui nous donne du courage, celle qui nous donne des ailes pour voir plus loin.

Nous sommes retournés au bastingage. Il était temps.

— Saute ! encourageai-je Ori, impatient de quitter cette île flottante.

Nous glissâmes le long de la corde qui brûlait nos mains aussi bien que le feu. Au moment où je crus qu'il était impossible de supporter une pareille brûlure, l'eau glacée mordit ma chair. Jamais, le vent, la neige ou les pires froidures de l'hiver n'avaient pétrifié mon corps de cette façon. Même mon esprit semblait emprisonné par le givre.

— Bouge ! Tu vas couler, m'ordonna Ori.

Épilogue

Ce n'est qu'au petit jour que nous atteignîmes enfin la côte. Épuisés, transis, l'esprit si près de tomber dans la noirceur de l'oubli qu'il nous était impossible de penser, nos corps se sont échoués sur le rivage. Comme des tortues, nous sommes restés là, dans le sable, attendant que les rayons du soleil nous transmettent son énergie. Je sentais la force de vie grandir en moi à mesure que mon sang courait dans mes veines.

Le soleil était bien haut dans le ciel quand nous nous sommes relevés. Des bruits de voix nous parvinrent on ne savait d'où. Vite, nous nous sommes mis à l'abri. Non loin de nous, d'immenses arbres côtoyaient de grandes étendues de terre presque morte. Au loin, des montagnes se dessinaient, véritables pics qui tentaient de rejoindre ce soleil si puissant. Jamais, je n'avais vu de tels paysages. Je me suis efforcé de les graver dans ma mémoire. Peut-être un jour, pourrais-je les faire réapparaître pour ma Wâbôs, mon doux rayon de soleil.

Derrière nous, un bateau long comme beaucoup trop de canots avait jeté l'ancre. Les hommes avides d'or et d'argent se querellaient-ils encore ?

Quel étrange peuple ils formaient, sans femme ni territoire !

Malgré tout, Estéphan me manquerait. J'aimais sa façon de prendre soin des autres tout en leur laissant croire qu'ils étaient toujours les plus forts, les plus habiles ou simplement les plus futés.

Je compris aussi qu'être chef peut amener un homme à perdre son coeur. Malheureusement, ce sont ceux qui l'entourent qui en paient le prix. Cependant, je crois aussi que le jour où Juan arriverait à tenir tête à son père serait marquant pour tous les deux.

Je ne peux passer sous silence la profonde blessure de mon frère. Sa chair autant que son coeur seraient marqués pour toujours. Dans ces moments, il est difficile de donner un sens à sa vie. C'est pourquoi il faut regarder devant. Toujours plus loin !

Courage, mon frère. Notre voyage n'est pas terminé. Un monde bien mystérieux nous attend... L'Empire des Quatre Directions.

Table des matières